Contenido

contenido

Camarones

Los deliciosos platillos preparados con camarón gozan de un lugar privilegiado en los restaurantes, pero por lo general no son incluidos en los alimentos de todos los días; quizá se deba a que la cocina informal supone que este marisco es muy difícil de preparar. Ahora los cocineros novatos, así como los experimentados, pueden incluir camarones para el menú en ocasiones especiales, desde familiares hasta las más formales.

Nuestro chef y su equipo encargado de probar las recetas reunieron ideas creativas que contienen sabores internacionales para complementar el fresco sabor natural y la textura única de este versátil crustáceo.

Las recetas abarcan desde las más sencillas hasta las más clásicas y

Introducción

algunas dedicadas a quienes prefieren algo "picante".

La idea de preparar camarones frescos hace que algunas personas se sientan incómodas, pero si el tiempo de cocción es adecuado, resulta tan fácil como cocer carne.

Los camarones se cuecen muy rápido, Necesita ser el tiempo justo ya que si se cuecen de más la carne se seca. Estas recetas incluyen técnicas sencillas para ayudarte a cocerlos en el tiempo adecuado.

Compra y almacenamiento de camarones

Los camarones crudos se compran enteros o pelados y sin vena, congelados o frescos. Los cocidos también se venden enteros o sin cáscara y sin vena. En el caso de los camarones crudos, el cuerpo debe estar firme, la carne húmeda y la cáscara intacta y ajustada.

No vuelvas a congelar camarones crudos que ya han sido congelados. Si quieres usarlos al día siguiente de comprarlos sólo tienes que sacarlos de la bolsa, colocarlos en un recipiente, taparlos un poco y colocarlos en la parte más fría del refrigerador. Sin embargo, si no quieres congelarlos puedes usar las siguientes técnicas:

Para camarones crudos:
Colócalos en un recipiente con agua agrega hielos y pon más cuando se derritan. Úsalos dentro de los dos siguientes días.

No les quites la cáscara para evitar que se deshidraten. Para congelar camarones crudos colócalos en un recipiente de plástico cubiertos de agua, sin sal, tapa el recipiente y colócalo en el congelador. El agua evita que se quemen. Para descongelar mételos al refrigerador durante 24 horas. Congelados duran 3 meses.

Entradas

Sopa

- 2 ramitas de limoncillo*
- 310 g / 11 oz de camarones crudos, enteros y con cáscara
- 1 cucharada de aceite vegetal
- 1 l / 35 oz de caldo de pollo
- 1 raíz de jengibre de 2 1/2 cm / 1 in, picada
- ralladura de 1 limón
- jugo de 2 limones
- 1 chile verde, sin semillas y finamente picado
- 1 cucharada de salsa de pescado*
- 1 chile rojo, sin semillas y rebanado y 2 cucharadas de perejil fresco picado; para decorar

* Véase página 47.

1 Pelar la cáscara del limoncillo y picar la parte blanca en 3 trozos, tirar la parte fibrosa. Pelar los camarones sin quitarles la cola, reservar la cáscara para el caldo. Hacer un corte en el dorso de los camarones y sacar la vena; enjuagarlos y refrigerar.

2 Calentar el aceite en un sartén grande. Freír las cáscaras de 2 a 3 minutos hasta que tengan color rosa; agregar el caldo, el ajo, el jengibre, el limoncillo, la ralladura de limón, el chile verde y sal al gusto; dejar que suelte el hervor; tapar y calentar a fuego lento durante 20 minutos.

3 Colar el caldo y regresarlo al sartén; incorporar la salsa de pescado y el jugo de limón; dejar que suelte el hervor; añadir los camarones y calentar a fuego lento durante 3 minutos o hasta que los camarones estén rosas y bien cocidos; sazonar con pimienta y adornar con chile rojo y cilantro.

Nota: esta famosa sopa tailandesa se conoce con el nombre de "Tom Yum Kung".

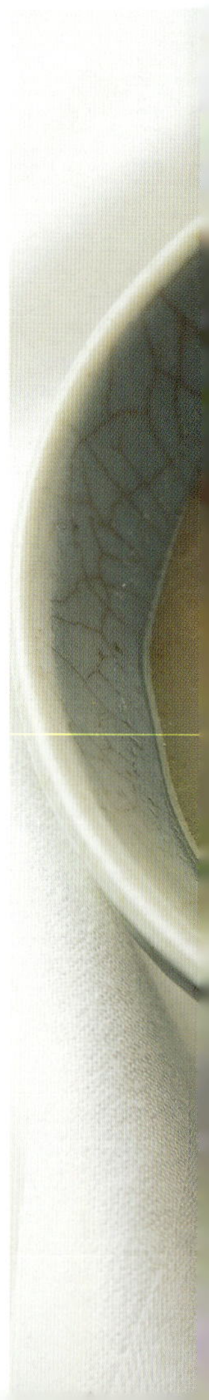

Porciones 4 **Tiempo de preparación** 25 min **Tiempo de cocción** 30 min **Calorías** 148 **Grasa** 5 g

tailandesa de camarones

Coctel
de camarones y aguacate

- 400 g / 14 oz de camarones cocidos y pelados
- 8 cucharadas de mayonesa
- 4 cucharadas de salsa catsup
- 2 tallos de apio, finamente picados
- 1 cebolla de cambray, en rebanadas delgadas o 1 cucharada de cebolla, finamente picada
- sal y pimienta negra
- 2 aguacates
- jugo de limón

1 Mezclar los camarones, la mayonesa y la catsup en un recipiente; añadir el apio y la cebolla y sazonar al gusto.

2 Cortar los aguacates a la mitad, quitar la cáscara y el hueso; cortarlos en cubitos y añadir el jugo de limón para evitar que se oxide; agregar la mezcla del aguacate a los camarones, revolver un poco y colocar en platos para servir; moler un poco de pimienta encima.

Nota: también puede servirse con lechuga como ensalada.

Porciones 4 ***Tiempo de preparación*** 15 min ***Calorías*** 574 ***Grasa*** 50 g

Camarones
y aguacate con vinagreta

2 aguacates
jugo de 1/2 limón
200 g / 7 oz de camarones cocidos, sin cáscara
2 cucharadas de perejil o cilantro, picado
ruedas de limón para servir

Vinagreta:
1 cucharada de vinagre de vino blanco
4 cucharadas de aceite de olivo extra virgen
sal y pimienta negra

Porciones *4*
Tiempo de preparación *10 min*
Calorías *352*
Grasa *32 g*

1 Rebanar uno de los aguacates a la mitad (a lo largo), separar ambas mitades; sacar el hueso; quitar la piel y cortarlos en 6 rebanadas; repetir con el otro aguacate.

2 Barnizar el aguacate con el jugo de limón y repartirlo en 4 platos, acomodar las rebanadas en forma de abanico; colocar un cuarto de los camarones sobre cada plato.

3 Para hacer la vinagreta: en una jarra con tapa colocar el vinagre, el aceite de olivo y sazonar; agitar hasta que se mezcle bien; verter sobre los platos; espolvorear el cilantro o perejil y servir de inmediato con las ruedas de limón.

Camarones

japoneses y tempura de verduras

1 calabaza zucchini
sal
4 camarones completos, crudos y con cáscara
1 pimiento rojo
1 huevo grande
145 g / 5 oz de harina
aceite de cacahuate para freír
1 limón, en cuartos y salsa de soya para servir

1 Cortar la calabaza a la mitad y cada mitad en 4 trozos a lo largo; espolvorear con sal y reservar durante 20 minutos. Quitar la cáscara de los camarones y dejarles la cola; hacer un corte en el dorso de cada uno para sacar la vena. Quitar las semillas al pimiento y cortarlo en 8 tiras.

2 Colocar el huevo en un recipiente y mezclar con 225 ml / 8 oz de agua fría con hielo; agregar el harina y hacer una masa grumosa. Calentar 5 cm / 2 in de aceite en una cacerola o recipiente; dejar caer un poco de la masa y verificar la temperatura del aceite, si regresa de inmediato a la superficie significa que el aceite está listo para freír.

3 Revolcar las calabazas en la masa y freír en tandas durante 3 minutos o hasta que doren (voltear a la mitad del tiempo de cocción); escurrir sobre toallas de papel y mantener caliente; repetir con las tiras de pimiento y los camarones, freír durante 1 minuto. Servir con los cuartos de limón y la salsa de soya.

Nota: puede prepararse con calamar y muchas otras verduras, como camotes.

Porciones *4*
Tiempo de preparación *25 min más 20 min para reposar*
Tiempo de cocción *10 min*
Calorías *282*
Grasa *14 g*

Camarones

mariposa con ajo, chile y perejil

- 1 kg / 35 oz de camarones crudos individuales, sin cáscara y con la cola intacta (aproximadamente 20 camarones)
- 2 cucharadas de aceite de oliva
- 1 cucharada de jugo de limón
- 2 dientes de ajo, machacados
- 2 chiles rojos, sin semillas y finamente picados
- 2 cucharadas de perejil, picado
- 55 g / 2 oz de harina
- aceite para freír
- limón para decorar

1 Hacer un corte en el dorso de los camarones y sacar la vena.

2 Mezclar el aceite, jugo de limón, ajo, los chiles y el perejil en un recipiente. Agregar los camarones, mezclar bien y dejarlas marinar de 2-3 horas.

3 Calentar el aceite en un sartén grande, cubrir los camarones con el harina y cocinarlos en el aceite por 2-3 minutos. Escurrirlos en papel absorbente.

4 Servir con rebanadas de limón y perejil.

Porciones *6* ***Tiempo de preparación*** *6 min más tiempo para marinar*
Tiempo de cocción *3 min* ***Calorías*** *1439* ***Grasa*** *6 g*

Triángulos

de camarón y ajonjolí

- 125 g / 4 oz de camarones, cocidos y pelados
- 1 diente de ajo, picado
- 2 cucharadas de huevo, batido
- 1 cucharadita de maicena
- 1/2 cucharadita de aceite de ajonjolí
- salsa de soya, baja en calorías
- 3 rebanadas de pan blanco
- 2 cucharadas de semillas de ajonjolí
- aceite de cacahuate, para freír

Salsa:

- 1 raíz de jengibre fresco, de 1cm/ 1/2 in, finamente picada
- 2 cucharadas de salsa de chile*
- jugo de 1/2 limón

* Véase página 47.

Porciones *4*
Tiempo de preparación *20 min*
Tiempo de cocción *20 min*
Calorías *292*
Grasa *20 g*

1 Licuar los camarones, el ajo, el huevo, la maicena, el aceite y la soya hasta formar una pasta (o moler los camarones en un mortero y mezclarlos con el resto de los ingredientes).

2 Untar la pasta de camarón en un lado de los panes; espolvorear las semillas de ajonjolí; quitar las costras y cortar en 4 triángulos. Para hacer la salsa: mezclar el jengibre, la salsa de chile y el jugo de limón; reservar.

3 Calentar a fuego alto 2 1/2 cm / 1 in de aceite en un sartén grande; freír de 4 a 5 minutos la mitad de los triángulos con la pasta hacia abajo, hasta que estén dorados; escurrir sobre toallas de papel; repetir con el resto. Servir con la salsa.

2 Ensaladas

Ensalada

1 Pelar las zanahorias, cortarlas en rebanadas diagonales de 5 mm / 1/4 in; colocarlas en agua hirviendo con sal y cocerlas de 3 a 4 minutos o hasta que estén un poco suaves y sigan crujientes; escurrir.

2 Pelar el ajo y molerlo en un mortero junto con el romero.

3 Calentar una cucharadita de aceite en un sartén pequeño y saltear durante 1 ó 2 minutos la mezcla del ajo junto con el comino y la páprika; retirar del fuego y revolver con el resto del aceite de olivo y el vinagre; añadir sal y pimienta al gusto.

4 Revolver las rebanadas de zanahoria y los camarones con el aderezo de romero y ajo; refrigerar durante 4 horas mínimo y servir frío o a temperatura ambiente; adornar con perejil fresco.

- 700 g / 25 oz de zanahorias
- 4 dientes de ajo
- 1 cucharada de romero
- 55 ml / 2 oz de aceite de olivo
- 1 cucharadita de comino
- 2 cucharaditas de páprika
- 45 ml / 1 1/2 oz de vinagre de vino blanco
- sal y pimienta recién molida al gusto
- 510 g / 18 oz de camarones grandes, cocidos, pelados y con cola
- 1/4 de manojo de perejil

Porciones 4 **Tiempo de preparación** *8 min* **Tiempo de cocción** *6 min más tiempo para refrigerar*
Calorías 328 **Grasa** 2 g

española de camarones y zanahoria

Ensalada
de camarones

- 200 g / 7 oz de duraznos deshidratados
- 1 cucharada de jugo de limón
- 2 cucharaditas de ralladura de limón
- 2 cucharaditas de azúcar morena
- 1/2 cucharadita de sal
- 1/2 cucharadita de pimienta negra, recién molida
- 75 ml / 2 1/2 oz de vinagre sherry
- 2 gotas de salsa Tabasco
- 510 g / 18 oz de hojas para ensalada
- 2 cucharaditas de mostaza dijon
- 1 huevo
- 170 ml / 6 oz de aceite de olivo
- 12 camarones cristal, sin cáscara y sin vena

1 Colocar los duraznos sobre un plato extendido. Mezclar los 7 ingredientes siguientes y verter sobre los duraznos; dejar reposar durante 30 minutos a temperatura ambiente.

2 Sacar los duraznos de la mezcla del vinagre; poner el vinagre en la licuadora y agregar la mostaza junto con el huevo; licuar hasta que esté suave; sin dejar de licuar agregar el aceite en un chorro delgado y constante (el aderezo debe quedar cremoso y espesar un poco.

3 Repartir la ensalada en 4 platos y colocar 2 mitades de durazno sobre la ensalada y acomodar 3 camarones en cada plato; verter el aderezo y servir de inmediato.

Porciones *6* ***Tiempo de preparación*** *8 min* ***Calorías*** *420* ***Grasa*** *4 g*

Mariscos estilo tailandés y ensalada de toronja

2 toronjas
200 g / 7 oz de camarones, cocidos y pelados
170 g / 60 g de carne de cangrejo, cocida
1 lechuga, picada
1 cebolla de cambray, finamente picada

Aderezo:
1 cucharada de aceite de cacahuate
1 diente de ajo, finamente picado
1 chalote, finamente picado
1 chile rojo, sin semillas y finamente picado
2 cucharadas de salsa de pescado*
2 cucharadas de azúcar morena
jugo de 1 limón

* Véase página 47.

1 Para hacer el aderezo: calentar el aceite en un sartén pequeño y freír el ajo, los chalotes y el chile durante 3 minutos o hasta que el ajo se suavice. Mezclar la salsa de pescado, el azúcar y el jugo de limón y agregar a la mezcla de los chalotes; reservar durante 5 minutos para enfriar.

2 Rebanar la tapa y la parte inferior de las toronjas, quitar la cáscara y la membrana blanca siguiendo la forma de la fruta; cortar entre las membranas para sacar los gajos.

3 Mezclar los gajos de toronja con los camarones, la carne de cangrejo y la lechuga; verter encima el aderezo y revolver; espolvorear la cebolla de cambray.

Porciones *4* ***Tiempo de preparación*** *30 min más 5 min para enfriar*
Tiempo de cocción *3 min* ***Calorías*** *156* ***Grasa*** *5 g*

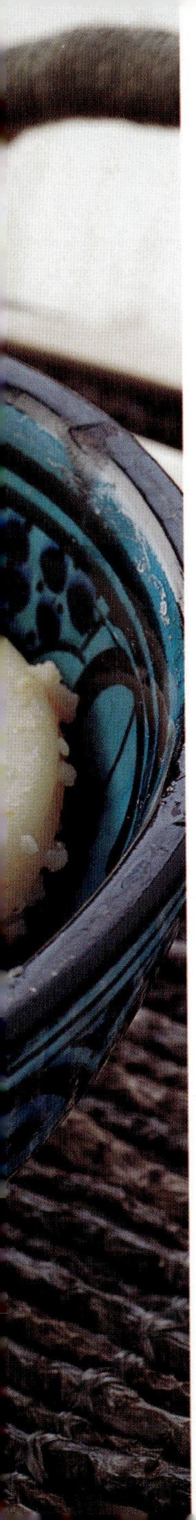

Ensalada
de cous cous con mariscos y menta fresca

1 Revolver el aceite de olivo, el jugo de limón, el ajo y las semillas de apio hasta que espese; sazonar con sal y pimienta.

2 Agregar el azafrán y el comino al caldo hirviendo y revolver; agregar los camarones y los calamares pocharlos durante 2 minutos hasta que los camarones estén anaranjados; sacar del caldo.

3 Colocar el cous cosus en un recipiente grande y añadir el caldo sazonado; revolver bien y tapar; dejar reposar hasta que el agua se absorba, aproximadamente 10 minutos.

4 Batir con un tenedor y agregar la mezcla de los camarones y los calamares, junto con los jitomates, el apio, las cebollas de cambray y la menta; verter el aderezo.

Porciones *6*
Tiempo de preparación *10 min*
Tiempo de cocción *2 min*
Calorías *478*
Grasa *3 g*

- 115 ml / 4 oz de aceite de olivo
- 55 ml / 2 oz de jugo de limón
- 1 diente grande de ajo, machacado
- 1 cucharadita de semillas de apio
- sal y pimienta al gusto
- 1/2 cucharadita de azafrán de las Indias
- 1/4 de cucharadita de comino
- 400 ml / 14 oz de caldo de verduras, hirviendo
- 510 g / 18 oz de camarones cristal, crudos, con cáscara y con cola
- 200 g / 7 oz de calamar, cortado en aros
- 300 g / 10 1/2 oz de cous cous*
- 3 jitomates, en rebanadas delgadas
- 2 tallos de apio, en rebanadas delgadas
- 6 cebollas de cambray, picadas
- 20 hojas de menta fresca, en rebanadas delgadas

* Véase página 47.

Ensalada
de mariscos

- 4 lechugas pequeñas, rebanadas
- 595 g / 21 oz de mariscos mixtos
- 2 cebollas moradas grandes, rebanadas

Aderezo:

- 2 cucharadas de mostaza dijon
- ralladura y jugo de 2 limones
- 5 cucharadas de yogurt
- 2-3 cucharadas de catsup
- 1 chile rojo, sin semillas y finamente picado
- 4 cucharadas de aceite de olivo, extra virgen
- 3 cucharadas de eneldo o menta, picado y un poco más para decorar
- sal

Porciones *6*
Tiempo de preparación *15 min*
Calorías *219*
Grasa *13 g*

1 Para el aderezo: en un recipiente mezclar bien la mostaza, el jugo de limón, el yogurt, la catsup y el chile; agregar poco a poco el aceite y añadir el eneldo o menta, la ralladura de limón y sazonar con sal.

2 Colocar las lechugas en un platón para ensalada, acomodar los mariscos y los aros de cebolla; bañar con el aderezo; decorar con eneldo o menta.

Nota: se puede usar cualquier combinación de mariscos para preparar una entrada o un plato fuerte ligero.

3 Platos fuertes

Arroz

1 Enjuagar el arroz en un colador. Hervir agua en una cacerola grande y añadir el arroz junto con 1/2 cucharadita de sal; calentar a fuego lento durante 10 minutos o hasta que el arroz esté suave; colar bien. Hervir agua en una cacerola pequeña y cocer los chícharos de 3 a 4 minutos hasta que estén suaves.

2 Calentar un recipiente o sartén de base gruesa a fuego medio; verter el aceite y ladear el sartén durante 1 minuto para que el aceite cubra las paredes y el fondo. Añadir el ajo y las cebollas de cambray, revolver constantemente con una cuchara de madera durante 30 segundos; agregar el huevo y batir durante 30 segundos.

3 Agregar el arroz, los chícharos y los camarones; revolver durante 3 minutos o hasta que todo esté caliente y mezclado con el huevo y las cebollas de cambray.

- 145 g / 5 oz de arroz de grano largo
- sal
- 85 g / 3 oz de chícharos congelados
- 2 cucharadas de aceite vegetal
- 3 dientes de ajo, pelados y picados
- 2 cebollas de cambray, en rebanadas delgadas
- 1 huevo, batido
- 100 g / 3 1/2 oz de camarones, cocidos y pelados

Porciones 4 **Tiempo de preparación** 5 min **Tiempo de cocción** 15 min **Calorías** 259 **Grasa** 11 g

frito con camarones

Mariscos
con brócoli y risotto

1 Calentar el aceite en una cacerola grande; añadir los chalotes, el ajo y el pimiento y cocer durante 5 minutos o hasta que se suavicen, revolver ocasionalmente; agregar el arroz y cocer por 1 minuto, revolviendo hasta mezclar bien.

2 En otra cacerola hervir el caldo. Añadir los champiñones, el vino y 145 ml / 5 oz del caldo a la mezcla del arroz; dejar que suelte el hervor sin dejar de revolver; calentar a fuego lento durante 15 minutos, sin tapar, o hasta que casi todo el líquido se absorba, revolver constantemente.

3 Añadir los mariscos y casi todo el caldo y revolver constantemente durante 5 minutos o hasta que el arroz esté cocido y firme; agregar el resto del caldo si es necesario, verificar que los mariscos estén bien cocidos. Cocer el brócoli en agua hirviendo durante 3 minutos o hasta que esté suave; escurrir bien y añadir al risotto junto con el perejil y sazonar con pimienta negra.

- 1 cucharada de aceite de girasol
- 6 chalotes, picados
- 1 diente de ajo, finamente picado
- 1 pimiento rojo o amarillo, sin semillas y en cubitos
- 225 g / 8 oz de arroz integral
- 510 ml / 18 oz de caldo de verduras
- 225 g / 8 oz de champiñones, rebanados
- 255 ml / 9 oz de vino blanco
- 400 g / 14 oz de mariscos mixtos
- 225 g / 8 oz de brócoli, en racimos pequeños
- 2 cucharadas de perejil de hoja lisa, picado
- pimienta negra

Porciones *4*
Tiempo de preparación *15 min*
Tiempo de cocción *45 min*
Calorías *371*
Grasa *6 g*

Camarones con espinacas

- 100 ml / 3 1/2 oz de aceite de olivo
- 1 cebolla, en cuadritos
- 1 pimiento rojo, sin semillas y en cuadritos
- 1 diente de ajo, machacado
- 2 jitomates, pelados y en cuadritos
- 1 1/2 manojos de espinacas, limpias y picadas
- 2 cucharadas de vino blanco seco
- jugo de 1 limón
- sal y pimienta recién molida
- 510 g / 18 oz de camarones crudos, sin cáscara y sin vena
- rodajas de limón, para decorar

Porciones *4*
Tiempo de preparación *5 min*
Tiempo de cocción *20 min*
Calorías *354*
Grasa *4 g*

1 Calentar 2 cucharadas del aceite de olivo en un sartén y dorar la cebolla; añadir el pimiento, el ajo y los jitomates; cocer durante 7 minutos; agregar las espinacas, el vino blanco, el jugo de limón y sazonar.

2 Tapar y dejar calentar a fuego lento de 8 a 10 minutos, hasta que las espinacas estén suaves; apagar el fuego , revolver y mantener caliente.

3 Agregar el resto del aceite a un sartén grande y calentar; saltear los camarones durante 3 minutos, revolviendo constantemente, o hasta que se cuezan.

4 Añadir los camarones a las espinacas y revolver en forma envolvente; servir en un plato caliente y adornar con rodajas de limón.

Camarones

Porciones *6* **Tiempo de preparación** *20 min* **Tiempo de cocción** *30 min* **Calorías** *273* **Grasa** *13 g*

con jitomate y aceitunas

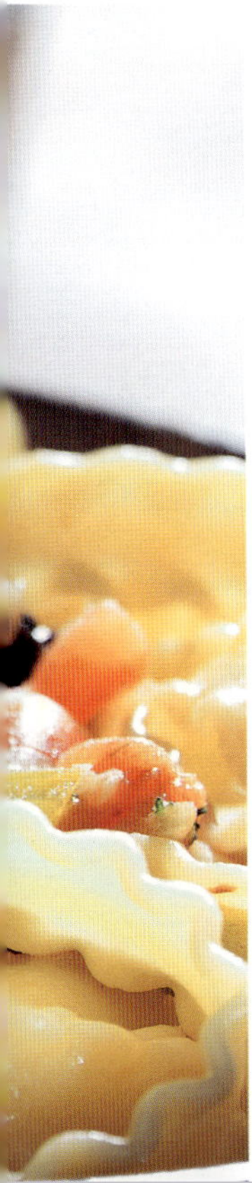

- 3 cucharadas de aceite de olivo
- 2 cebollas, finamente picadas
- 4 dientes de ajo, finamente picados
- 2 tallos de apio, finamente picados
- 55 g / 2 oz de filetes de anchoas de lata, escurridas y picadas
- 595 g / 21 oz de jitomates guajillo
- 300 ml / 10 1/2 oz de vino blanco seco
- 595 g / 21 oz de camarones cristal, crudos y sin cáscara
- 125 g / 4 oz de aceitunas negras, sin hueso y en mitades
- ralladura y jugo de 1 limón
- 3 cucharadas de eneldo fresco, picado y un poco más para decorar

1 Calentar el aceite en un recipiente o sartén grande de base gruesa y freír la cebolla, el ajo y el apio durante 5 minutos o hasta que se suavicen; agregar las anchoas y freír revolviendo de 1 a 2 minutos o hasta que se partan.

2 Colocar los jitomates en un recipiente y cubrirlos con agua hirviendo durante 30 segundos; pelarlos, quitar las semillas y picarlos; añadir a la mezcla de cebolla y anchoas y freír de 5 a 6 minutos, revolviendo, hasta que los jitomates se suavicen.

3 Verter el vino al sartén y dejar que suelte el hervor; calentar a fuego lento, sin tapar, durante 10 minutos o hasta que la salsa se consuma un poco.

4 Hacer un corte en el dorso de los camarones y sacar la vena; colocar los camarones en el sartén junto con las aceitunas y calentar a fuego lento de 3 a 4 minutos hasta que los camarones estén suaves y tomen color rosa; agregar el jugo y la ralladura de limón; incorporar el eneldo. Espolvorear un poco más de eneldo para decorar.

Camarones
con chícharos y mango

400 g / 14 oz de camarones tigre, crudos, pelados, enjuagados y secos
2 cucharadas de aceite vegetal
1 1/2 cucharada de raíz de jengibre, finamente molida
300 g / 10 1/2 oz de vainas de chícharo
1 racimo de cebollas de cambray, rebanadas
1 mango grande, pelado y en rebanadas delgadas
2 cucharadas de salsa de soya

1 Hacer un corte en el dorso de los camarones y sacar la vena.

2 Calentar el aceite en un recipiente; freír revolviendo el jengibre y los camarones durante 2 minutos o hasta que los camarones comiencen a tomar color rosa; agregar las vainas y las cebollas de cambray, freír durante 1 minuto más para que se suavicen un poco; incorporar el mango y la salsa de soya; freír 1 minuto, sin dejar de revolver, para calentar bien.

Nota: servir con arroz

Porciones *4* **Tiempo de preparación** *15 min* **Tiempo de cocción** *5 min* **Calorías** *221* **Grasa** *7 g*

Arroz frito con camarones y nueces de la India

340 g / 12 oz de arroz de grano largo

sal y pimienta negra

2 cucharadas de aceite de cacahuate

1 diente de ajo, finamente picado

1 raíz de jengibre de 1 cm / 1/2 in finamente picada

2 cebollas de cambray, rebanadas diagonalmente, tallos separados

55 g / 2 oz de nueces de la India, asadas y picadas

85g/ 3oz de elotitos baby, en trozos de 1 cm / 1/2 in de largo

200 g / 7 oz de camarones tigre, cocidos y pelados

2 cucharadas de sherry semi-seco

3 cucharadas de salsa de soya

2 cucharaditas de aceite de ajonjolí

1 huevo grande, batido

Porciones *4*
Tiempo de preparación *15 min más 30 min para enfriar*
Tiempo de cocción *25 min*
Calorías *581* **Grasa** *21 g*

1 Enjuagar el arroz y colocarlo en una cacerola grande junto con 425 ml / 15 oz de agua con sal; dejar que suelte el hervor, tapar y calentar a fuego lento durante 15 minutos o hasta que esté suave; escurrir y esparcir en un plato para que se enfríe de 20 a 30 minutos, mover ocasionalmente con un tenedor.

2 Calentar un recipiente o sartén grande y añadir el aceite; agregar el ajo, el jengibre y las partes blancas de las cebollas de cambray, freír revolviendo durante 1 ó 2 minutos; incorporar el arroz y freír por 2 minutos, revolviendo.

3 Agregar las nueces y los elotitos y freír revolviendo durante 2 minutos; agregar los camarones y el sherry y freír revolviendo por 1 minuto; verter la soya y el aceite de ajonjolí y cocer 2 minutos más, sin dejar de revolver.

4 Incorporar el huevo y freír de 2 a 3 minutos hasta que esté bien cocido, revolver constantemente; sazonar con pimienta negra y espolvorear los tallos de las cebollas.

Plato tai

Porciones 4 **Tiempo de preparación** 20 min **Tiempo de cocción** 15 min **Calorías** 522 **Grasa** 23 g

con cerdo y camarones

1 Preparar los fideos según las instrucciones del paquete; colar y enjuagar. Calentar un sartén y colocar el aceite; freír el ajo, el chalote y la carne durante 3 minutos, revolviendo, hasta que la carne tome un color opaco; incorporar los fideos y mezclar bien.

2 Mezcar la salsa de pescado, el azúcar, el jugo de limón, la salsa de soya y la catsup; agregar la mezcla a los fideos y revolver bien; freír revolviendo durante 5 minutos; añadir el germen y los camarones y freír durante 5 minutos más hasta que estén suaves; sazonar con pimienta negra.

3 Colocar en un platón para servir; espolvorear los cacahuates, el cilantro y servir con las rebanadas de limón.

- 255 g / 9 oz de fideos de arroz
- 4 cucharadas de aceite de cacahuate
- 2 dientes de ajo, picados
- 1 chalote, picado
- 115 g / 4 oz de filete de cerdo, en tiras de 5 mm / 1/4 in de grueso
- 1 cucharada de salsa de pescado*
- 1 cucharadita de azúcar
- jugo de 1/2 limón
- 1 cucharada de salsa de soya
- 1 cucharada de catsup
- 200 g / 7 oz de germen de soya
- 115g/ 4oz de camarones, cocidos y pelados
- pimienta negra
- 50 g / 2 oz de cacahuates, rostizados y picados
- 1 cucharada de cilantro fresco, picado
- 1 limón, en cuartos para servir

* Véase página 47.

Linguine con camarones

- 400 g / 14 oz de linguine
- 1 kg / 35 oz de jitomate
- aceite de olivo para verter sobre los jitomates
- sal y pimienta negra
- 85 ml / 3 oz de aceite de olivo
- 200 g / 7 oz de ostiones
- 200g/ 7oz de camarones crudos, pelados
- 145 g / 5 oz de calamares, cortados en aros
- 200 g / 7 oz de pescado blanco, en trozos
- 3 dientes de ajo, picados
- 2 cebollas, en cubitos
- 1 cucharada de puré de tomate (opcional)
- 85 ml / 3 oz de agua
- 1/2 manojo de perejil, picado
- queso parmesano

Porciones *4*
Tiempo de preparación *8 min*
Tiempo de cocción *8 min*
Calorías *858*
Grasa *7 g*

1 Cocer la pasta en agua hirviendo con sal hasta que esté al dente.

2 Para asar los jitomates: precalentar el horno a 180°C / 350°F. Cortarlos a la mitad y colocarlos sobre una charola para horno; bañar con aceite de olivo y espolvorear un poco de sal y pimienta; hornear de 20 a 25 minutos.

3 Moler en el procesador de alimentos durante pocos segundos, la mezcla debe tener textura consistente.

4 Calentar la mitad del aceite en un sartén y saltear los ostiones y los camarones durante 2 minutos y retirar del sartén; colocar los calamares, cocer durante 2 minutos y retirar del sartén (agregar un poco más de aceite si es necesario); saltear el pescado hasta que esté cocido y retirar del sartén.

5 Calentar el resto del aceite, saltear el ajo y la cebolla hasta que esté cocida; agregar la mezcla de jitomate, el puré de tomate y agua; calentar a fuego lento durante 10 minutos; incorporar los mariscos a la salsa, sazonar con sal y pimienta y mezclar el perejil picado.

6 Servir con linguine y el queso parmesano.

Camarones

fritos del sureste de Asia

- 455 g / 16 oz de camarones completos, crudos y con cáscara
- 3 chiles rojos pequeños, sin semillas y picados
- 2 dientes de ajo, machacados
- 1 raíz de jengibre de 2 1/2 cm / 1 in, picada
- 1 chalote, picado
- 2 cucharadas de aceite de cacahuate
- 1 cebolla, picada
- 2 jitomates, en cuartos
- 1 cucharadita de azúcar
- sal

1 Quitar la cáscara a los camarones y dejar la cola; hacer un corte en el dorso para sacar la vena; enjuagar y refrigerar.

2 En un procesador de alimentos o mortero hacer una pasta con los chiles, el ajo, el jengibre y el chalote. Calentar a fuego alto el aceite en un sartén grande de base gruesa; freír la cebolla durante 2 minutos para que se suavice un poco; agregar la pasta y freír revolviendo durante 1 minuto para que suelte el sabor.

3 Agregar los camarones y los jitomates; mezclar bien, espolvorear el azúcar y añadir sal al gusto; freír de 3 a 5 minutos hasta que los camarones tomen color rosa y estén bien cocidos; revolver constantemente.

Porciones *4* ***Tiempo de preparación*** *25 min* ***Tiempo de cocción*** *8 min* ***Calorías*** *194* ***Grasa*** *9 g*

Camarones

- 12 camarones cristal, crudos, pelados y con cola
- sal y pimienta al gusto
- harina para revolcar
- 1 huevo, batido
- 115 g / 4 oz de semillas de ajonjolí
- 85 g / 3 oz de coco, rallado
- 1 mango, pelado y cortado en cuadritos
- 1/2 cebolla, en cuadritos
- 2 cucharadas de cilantro, picado
- jugo de 1 limón
- 2 cucharadas de mantequilla o aceite de olivo
- hojas verdes para ensalada

1 Cortar los camarones en forma de mariposa, espolvorear con sal, pimienta y el harina; remojar en el huevo y escurrir el exceso; revolcar en una mezcla de semillas de ajonjolí y coco; reservar.

2 En un recipiente mezclar el mango, la cebolla, el cilantro y el jugo de limón; sazonar al gusto.

3 Calentar la mantequilla o aceite en un sartén; freír los camarones de 1 a 2 minutos por lado a fuego alto hasta que estén dorados.

4 Repartir las hojas verdes en platos para servir, colocar 3 camarones encima y verter una cucharada generosa de salsa de mango.

Porciones *4* ***Tiempo de preparación*** *10 min* ***Tiempo de cocción*** *5 min* ***Calorías*** *445* ***Grasa*** *12 g*

con ajonjolí y salsa de mango

Fideos con camarones y jamón estilo Singapur

1 Preparar los fideos de acuerdo a las instrucciones del paquete y colar. Calentar el aceite en un sartén grande de base gruesa hasta que esté muy caliente.

2 Agregar el chile, el vinagre y el azúcar; freír de 1 a 2 minutos, sin dejar de revolver, para que se mezclen los sabores; agregar el pimiento rojo junto con los champiñones y freír revolviendo durante 3 minutos o hasta que las verduras se suavicen.

3 Añadir el jamón, los chícharos, las castañas y los camarones; sofreír durante 2 a 3 minutos hasta que los camarones tomen color rosa; incorporar las cebollas de cambray y los fideos; cocer 1 minuto sin dejar de revolver o hasta que los camarones estén bien cocidos y todo esté caliente.

Porciones *4* **Tiempo de preparación** *35 min*
Tiempo de cocción *10 min* **Calorías** *534* **Grasa** *17 g*

- 225 g / 8 oz de fideos
- 3 cucharadas de aceite vegetal
- 1 chile rojo, sin semillas y finamente picado
- 2 cucharadas de vinagre de vino blanco
- 1 cucharada de azúcar
- 1 pimiento rojo, sin semillas y en rebanadas delgadas
- 170 g / 6 oz de champiñones, en rebanadas
- 225 g / 8 oz de jamón, cortado en tiras
- 100 g / 3 1/2 oz de chícharos congelados
- 225 g / 8 oz de castañas de lata, escurridas y en mitades
- 225 g / 8 oz de camarones, crudos y sin cáscara
- 4 cebollas de cambray, en rebanadas delgadas

4 Parrilladas

Camarones

con miel y chile

510 g / 18 oz de camarones cristal, crudos
marinada de miel y chile*
brochetas de bambú, remojadas

1 Pelar los camarones y quitar la vena, dejar las colas; colocarlos en un recipiente de vidrio y verter la marinada hasta que los cubra; tapar y refrigerar durante 1 hora. Encajar los camarones en las brochetas (a lo largo o a lo ancho).

2 Calentar la parilla a intensidad media. Colocar una hoja de papel encerado sobre la rejilla y poner los camarones encima; cocer de 4 a 5 minutos por lado hasta que tomen color rosa; barnizar con la marinada mientras se cuecen; quitar las brochetas y servir de inmediato.

* Véase página 47.

Porciones *4* ***Tiempo de preparación*** *8 min más tiempo para marinar*
Tiempo de cocción *5 min* ***Calorías*** *195* ***Grasa*** *en cantidades mínimas*

Camarones
a la parrilla con ajonjolí

- 1 kg / 35 oz de camarones cristal
- 55 ml / 2 oz de aceite de olivo
- 55 ml / 2 oz de vino tinto
- 4 chalotes, finamente picados
- 1 cucharadita de ralladura de limón
- 1/2 cucharada de pimienta negra, en trocitos
- 12 brochetas de bambú, remojadas en agua durante 30 minutos
- 115 g / 4 oz de semillas de ajonjolí, tostadas

1 Pelar los camarones y quitar la vena, dejar las colas.

2 Mezclar el aceite, el vino, los chalotes, la ralladura de limón y la pimienta.

3 Encajar los camarones en las brochetas, aproximadamente 3 camarones en cada una.

4 Colocar las brochetas en un plato y bañar con la marinada; dejar marinar durante 1 hora.

5 Revolcar los camarones en las semillas de ajonjolí, presionar para que se peguen bien; refrigerar durante 30 minutos antes de cocer.

6 Colocar sobre la charola de la parrilla (debe estar bien caliente) y cocer durante 2 minutos por lado.

7 Barnizar con la marinada mientras se cuecen.

Porciones *6-8* ***Tiempo de preparación*** *6 min más tiempo para marinar*
Tiempo de cocción *6 min* ***Calorías*** *354* ***Grasa*** *3 g*

Camarones
teriyaki

1 kg / 35 oz de camarones crudos, sin pelar
marinada teriyaki*
brochetas de bambú, remojadas

Porciones *10*
Tiempo de preparación *10 min*
Tiempo de cocción *4 min*
Calorías *107 c/u*
Grasa *en cantidades mínimas (cada uno)*

1 Pelar los camarones y dejar la cola; colocarlos en un plato de vidrio y bañar con la marinada; tapar y refrigerar de 1 a 2 horas; encajar 2 ó 3 camarones en cada brocheta (si están muy grandes encajar uno a lo largo).

2 Calentar la parrilla y colocar una hoja de papel encerado sobre la rejilla; poner los camarones en la rejilla y barnizarlos con la marinada por ambos lados mientras se cuecen; cocer hasta que tomen color rosa.

* Véase página 47.

Preparando los camarones

En mariposa:

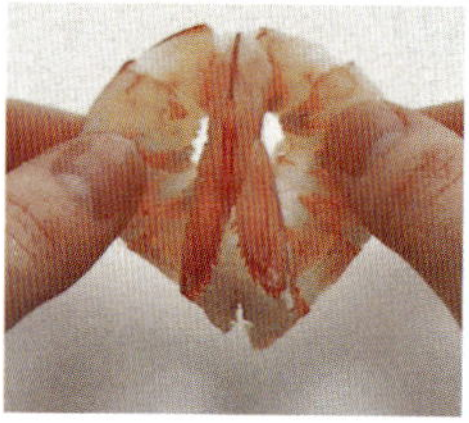

Se hace para aumentar el tamaño de los camarones y que sean más agradables a la vista.

Se cortan los camarones (crudos y pelados) a lo largo pero sin separarlos; el método tradicional es cortar por el estómago. Si se cortan por el dorso se obtiene una forma circular y parecen más grandes.

Para pelar:

1. Voltear la cabeza y separarla del cuerpo.
2. Con los dedos despegar la cáscara de los lados (las patas siguen pegadas a la cáscara).
3. Torcer un poco la cola y quitar la carne; también se puede dejar la cola para una mejor presentación.

Para quitar la vena:

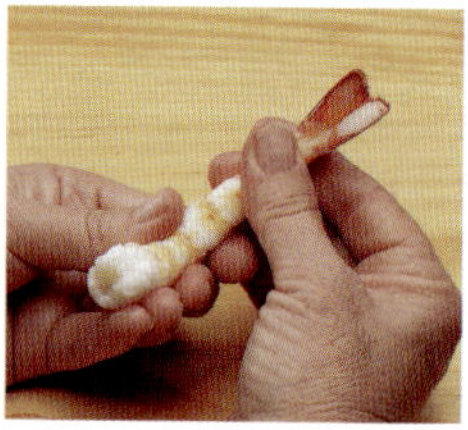

Con los dedos quitar el tracto intestinal (vena).

Para camarones crudos usar un cuchillo pequeño y hacer un corte a lo largo del dorso.

Tipos

Tigre

Igual que los demás tipos de camarones, casi no contienen aceite y su sabor los hace excelentes para asarlos en parrillas o asadores o flamearlos. Otra forma muy común de prepararlos es freírlos en mucho aceite.

Su tamaño es grande y tiene mucho sabor, su raya roja los hace ideales para una presentación excelente. Es común que se preparen al ajillo y su sabor aumenta al marinarlos en aceite de olivo, jugo de limón y mucho ajo.

Pacotilla

Son deliciosos si se comen solos. Tienen un sabor medio, poco aceite y la carne tersa; son ideales para cócteles con un aderezo suave o vinagreta de ajo, limón o base ácida para complementar su sabor. Evita combinar sabores fuertes con este tipo de camarón; los aderezos de hojas de limón, cilantro, limoncillo y un poco de chile le van muy bien. Son ideales para asar y freír en mucho aceite, en especial con cáscara.

Cristal

Es el tipo más usado, por lo que su precio es relativamente más alto. Es muy versátil y se usa para freír en mucho aceite, a la parrilla o en sartén. Su sabor es fuerte y no es necesario marinarlos. La desventaja de estos camarones es que si no se manejan y almacenan bien la carne se pone dura rápidamente, de manera que hay que tener mucho cuidado.

Pesos y medidas

Para convertir

Métrico	Imperial
5mm	1/4 in
1cm	1/2 in
2cm	3/4 in
2 1/2cm	1 in
5cm	2 in
10 1/2cm	4 in
15cm	6 in
20cm	8 in
23cm	9 in
25cm	10 in
30cm	12 in

métrico, tazas y cucharadas

Métrico	Tazas	Imperial
60ml	1/4 de taza	2 oz
80ml	1/3 de taza	2 1/2 oz
125ml	1/2 taza	4 oz
250ml	1 taza	8 oz

Métrico	Cucharadas
1 1/4ml	1/4 de cucharadita
2 1/2ml	1/2 cucharadita
5ml	1 cucharadita
20ml	1 cucharada

Líquidos métricos:

Métrico	Imperial	Tazas
30ml	1 oz	
60ml	2 oz	1/4 taza
90ml	3 oz	
125ml	4 oz	1/2 taza
155ml	5 oz	
170ml	5 1/2 oz	2/3 taza
185ml	6 oz	
220ml	7 oz	
250ml	8 oz	1 taza
500ml	16 oz	2 tazas
600ml	20 oz (1 pinta)	
750ml	1 1/4 de pinta	
1L	1 3/4 de pinta	4 tazas
1 1/5 L	2 pintas	

temperatura del horno

°C	°F
120	250
140	275
150	300
160	326
180	350
190	375
200	400
220	425
240	475
250	500

"Notas del chef"

Cous cous: pasta de semolina granulada, proviene de la cocina del norte de África. Se consigue empaquetada y precocida en los supermercados de especialidades asiáticas o tiendas gourmet

Limoncillo: es un sazonador muy usado en la cocina thai y vietnamita. Es una hierba de hojas largas y delgadas, su sabor es ácido, parecido al limón.

Salsa de chile: mezcla picante de jitomates, chiles o chile en polvo, cebollas, pimiento verde, vinagre, azúcar y especias. Es parecida a la catsup y se usa para condimentar.

Salsa de pescado: originaria del sureste de asia. Son diferentes mezclas con base de pescado salado y fermentado, chile o azúcar. Tiene un sabor fuerte, el color varía de ocre a café. Se utiliza para condimentar y dar sabor (se le da un uso parecido al de la soya.

Para medir ingredientes secos

Métrico	Imperial
15g	1/4oz
30g	1oz
60g	2oz
90g	3oz
125g	4oz
155g	5oz
185g	6oz
220g	7oz
250g	8oz
280g	9oz
315g	10oz
410g	13oz
440g	14oz
470g	15oz
500g	16oz(1lb)
750g	1lb 8 oz
1kg	2lb
1 1/2 kg	3lb

Marinada de miel y chile:

1/4 de taza / 60 ml / 2 oz de vino tinto

1/2 taza / 120 ml / 4 oz de miel

1/4 de cucharadita de chile molido

1 cucharadita de mostaza

mezclar todos los ingredientes

Marinada teriyaki

1/2 taza / 120 ml / 4 oz de salsa de soya

2 cucharadas de azúcar morena

1/2 cucharadita de jengibre, molido

2 cucharadas de vinagre blanco

1 diente de ajo, machacado

2 cucharadas de salsa de jitomate

mezclar todos los ingredientes

Índice